A25

A26

A27

A28

A29

A30

A31

A32

A33

A34

A35

A36

A37

B

B01

B02

B03

B04

B05

B06

B07

B08

B09

B10

B11

B12

B13

B14

B15

B16

B17

B18

B19

B20

B21

B22

B23

B24

B25

B26

B27

B28

B29

B30

B31

B32

B33

B34

B35

B36

B37

B38

B39

B40

B41

B42

B43

B44

B45

B46

B47

C01

C02

C03

C04

C05

C06

C07

C08

C09

C10

C11

C12

C13

C14

C15

C16

C17

C18

C19

C20

C21

C22

C23

C24

C25

C26

C27

C28

C29

C30

C31

C32

C34

C36

C37

C33

C35

C38

D

D01

D02

D03

D04

D05

D06

D07

D08

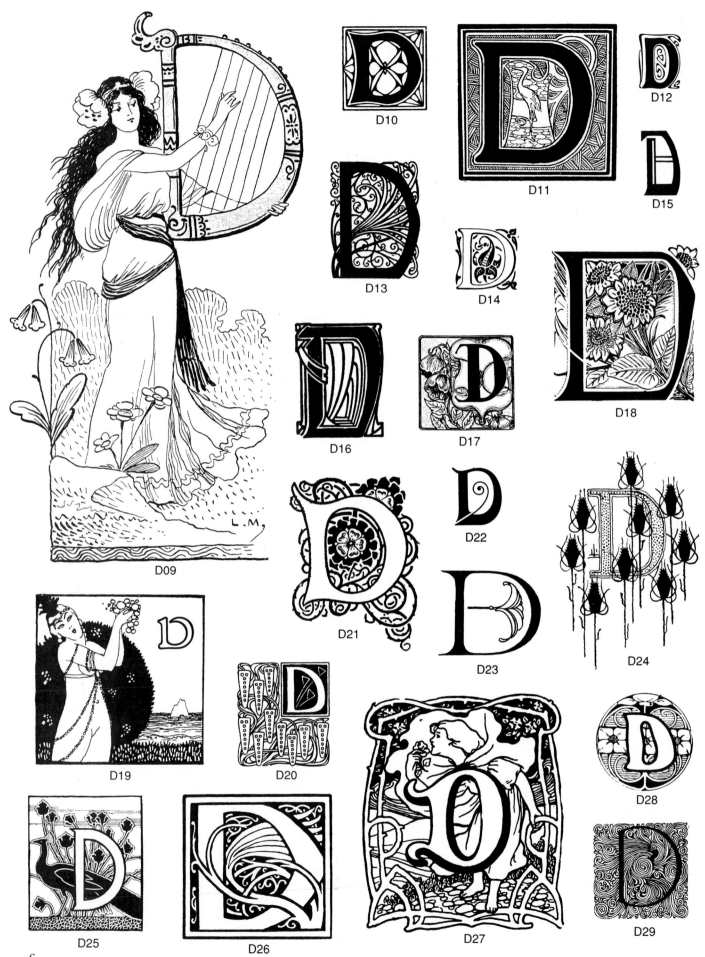

D10

D11

D12

D13

D14

D15

D16

D17

D18

D09

D19

D20

D21

D22

D23

D24

D25

D26

D27

D28

D29

6

E

E01

E02

E04

E06

E08

E03

E05

E07

E09

E11

E13

E14

E15

E10

E12

E16

E17

E18

E19

E21

E22

E23

E24

E25

E26

E28

E29

E27

E30

E31

E32

E33

E34

E35

E36

E37

F

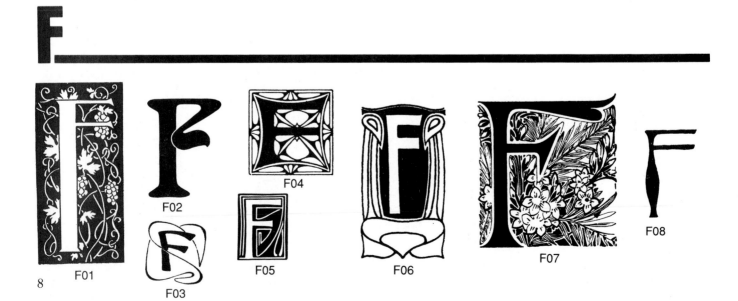
F01
F02
F03
F04
F05
F06
F07
F08

F09

F10

F11

F12

F13

F14

F15

F16

F17

F18

F19

F20

F21

F22

F23

F24

F25

F26

F27

F28

F29

F30

F31

F32

F33

F34

F35

F36

F37

F38

F39

G

G01

G02

G04

G06

G07

G03

G05

G08

G09

G10

G11

G12

G13

G14

G15

G16

G17

G18

G19

G20

G22

G24

G28

G29

G21

G23

G25

G26

G27

G30

H

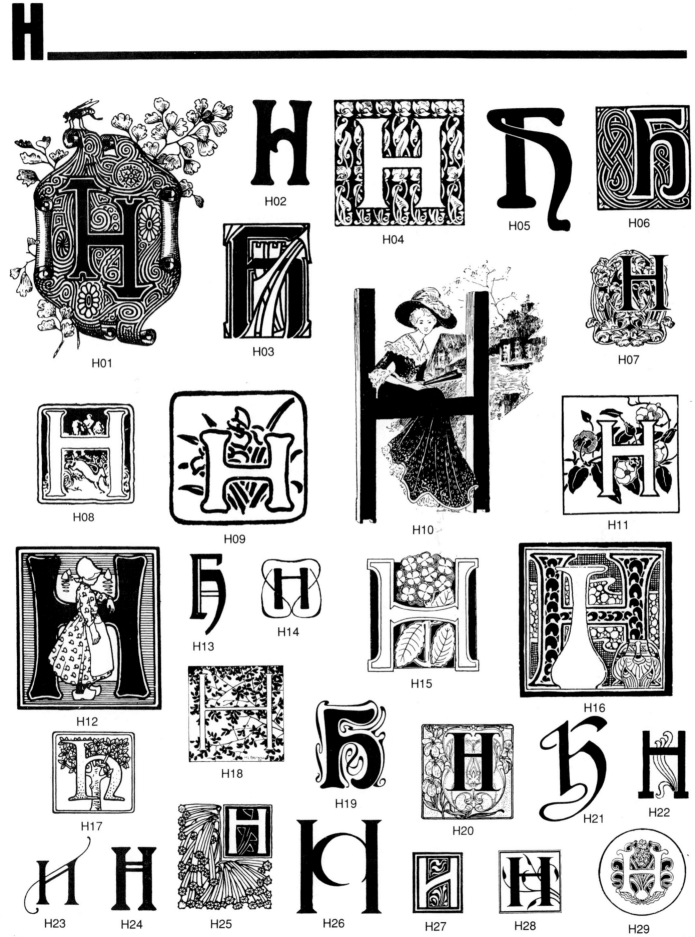

H01

H02

H03

H04

H05

H06

H07

H08

H09

H10

H11

H12

H13

H14

H15

H16

H17

H18

H19

H20

H21

H22

H23

H24

H25

H26

H27

H28

H29

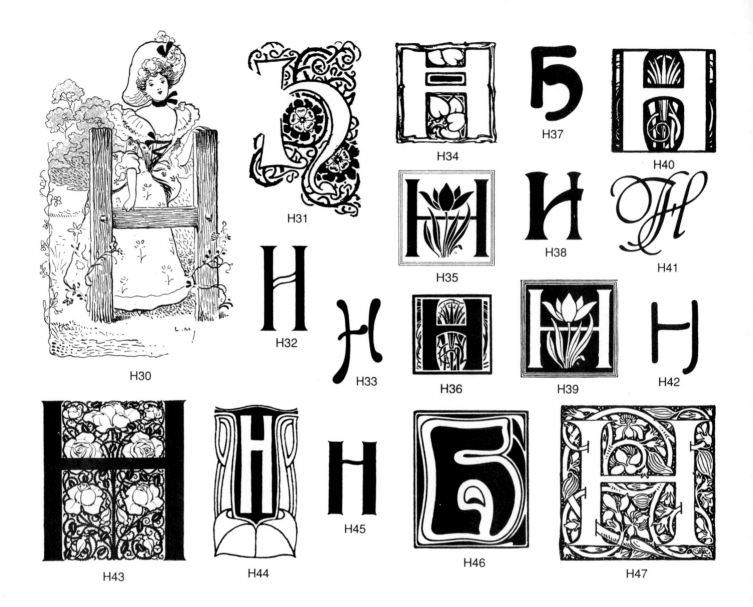

H30

H31

H32

H33

H34

H35

H36

H37

H38

H39

H40

H41

H42

H43

H44

H45

H46

H47

I01

I02

I03

I04

I05

I06

I07

I08

I09

I10

I11

I12

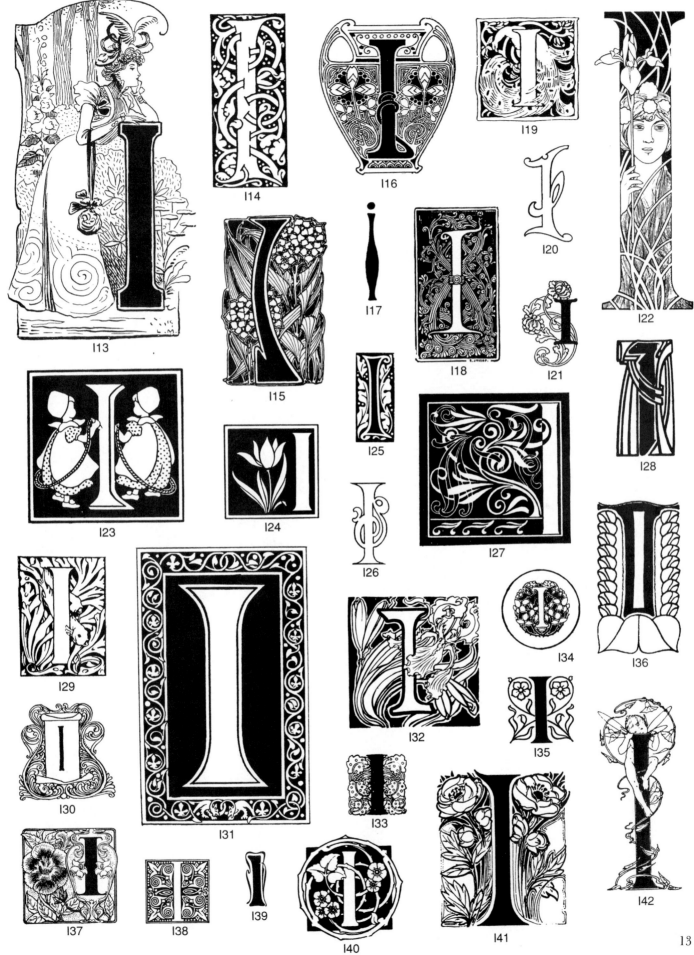

113

114

116

119

117

118

120

122

115

121

125

123

124

127

128

126

129

131

132

134

136

130

133

135

137

138

139

140

141

142

13

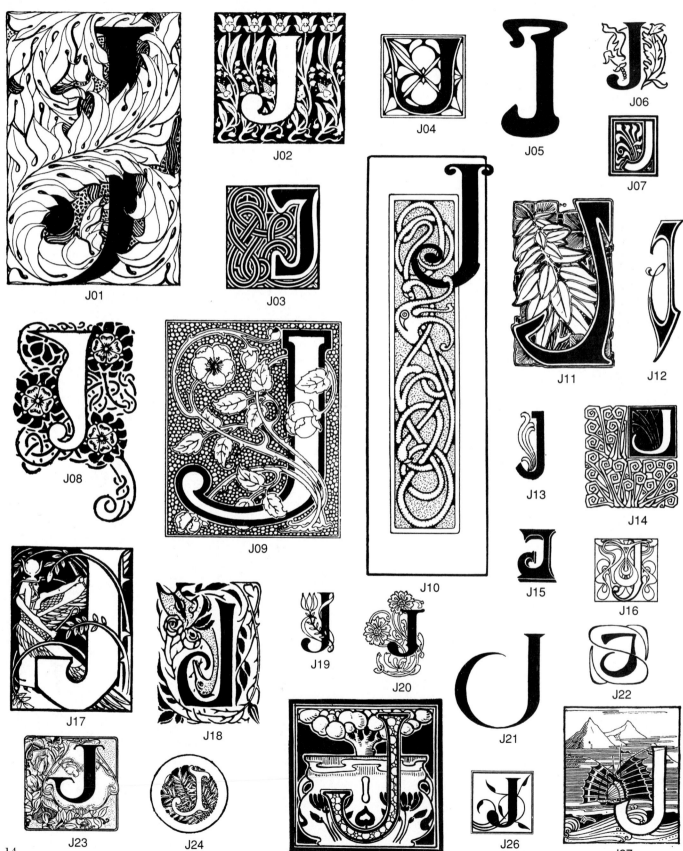

J01

J02

J03

J04

J05

J06

J07

J08

J09

J10

J11

J12

J13

J14

J15

J16

J17

J18

J19

J20

J21

J22

J23

J24

J25

J26

J27

K

K01

K02

K03

K04

K05

K06

K07

K08

K09

K10

K11

K12

K13

K14

K15

K16

K17

K18

K19

K20

K21

K22

K23

K24

K25

K26

K27

K28

K29

K30

K31

K32

K33

K34

K35

L

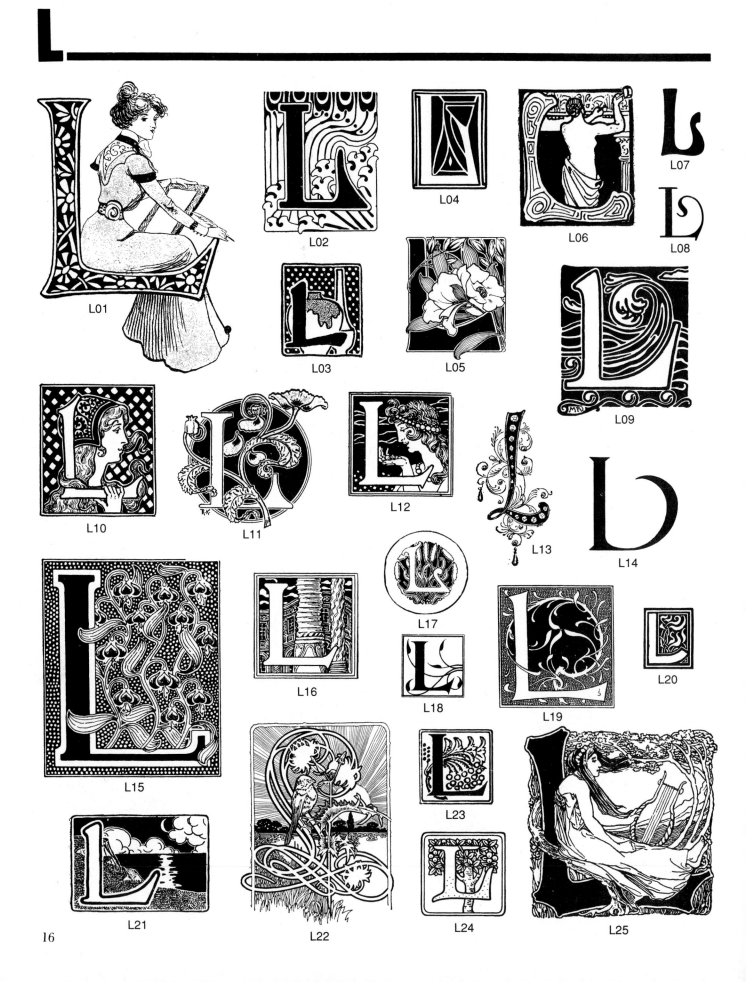

L01

L02

L03

L04

L05

L06

L07

L08

L09

L10

L11

L12

L13

L14

L15

L16

L17

L18

L19

L20

L21

L22

L23

L24

L25

L26

L27

L28

L29

L30

L31

L32

L33

L34

L35

L36

L37

L38

L39

L40

M

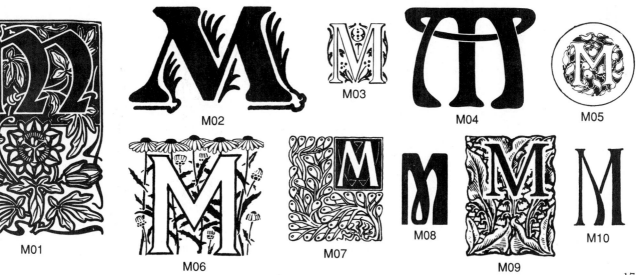

M01

M02

M03

M04

M05

M06

M07

M08

M09

M10

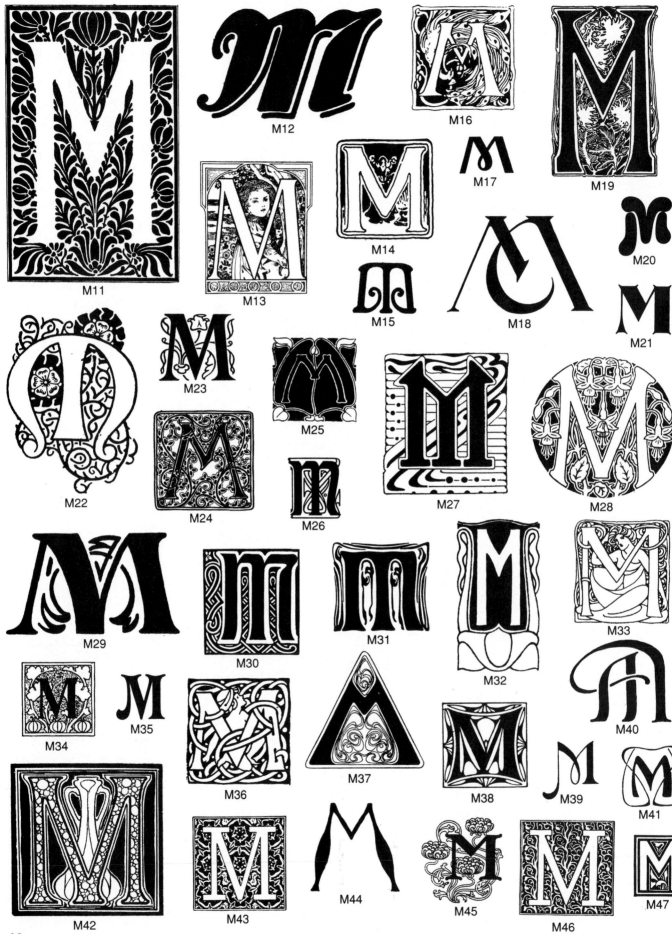

M11

M12

M13

M14

M15

M16

M17

M18

M19

M20

M21

M22

M23

M24

M25

M26

M27

M28

M29

M30

M31

M32

M33

M34

M35

M36

M37

M38

M39

M40

M41

M42

M43

M44

M45

M46

M47

N

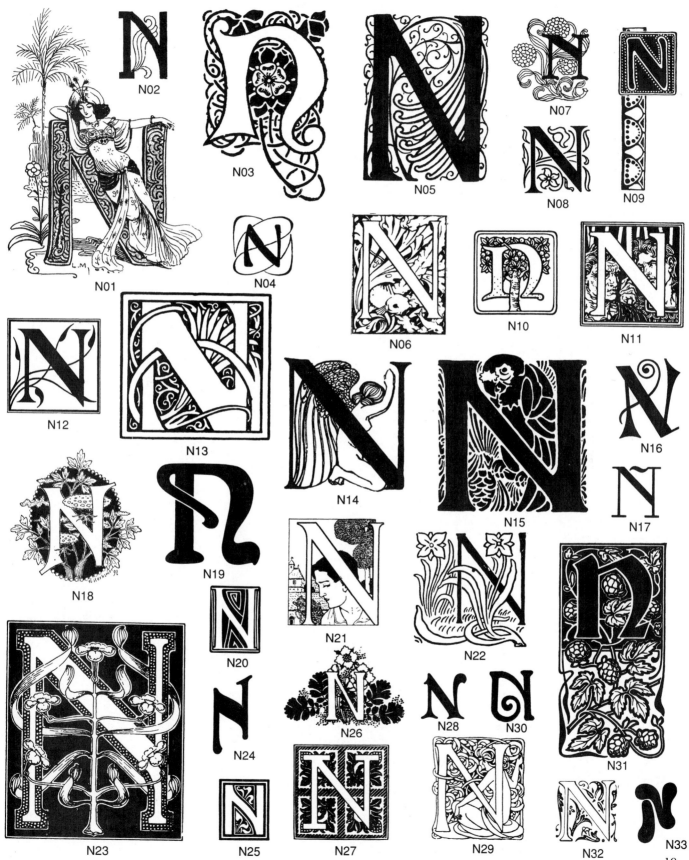

N01 N02 N03 N05 N07 N09 N08 N04 N06 N10 N11 N12 N13 N14 N15 N16 N17 N18 N19 N20 N21 N22 N23 N24 N25 N26 N27 N28 N30 N29 N31 N32 N33

N34

N35

N36

N37

N38

N39

N40

N41

N42

N43

N44

O

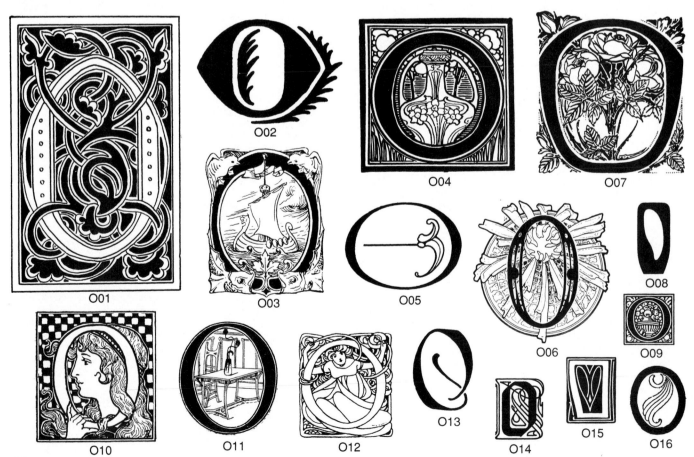

O01

O02

O03

O04

O05

O06

O07

O08

O09

O10

O11

O12

O13

O14

O15

O16

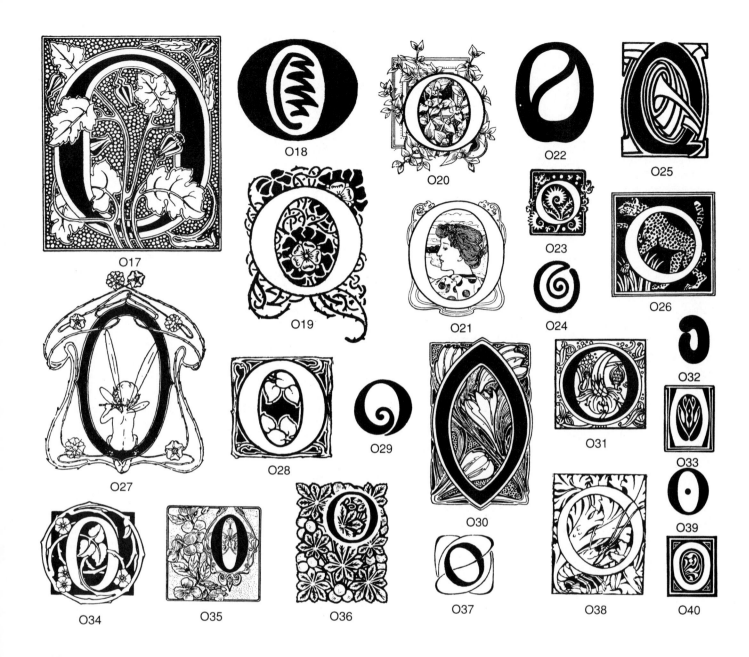

O17

O18

O20

O22

O25

O19

O21

O23

O26

O24

O27

O28

O29

O30

O31

O32

O33

O39

O34

O35

O36

O37

O38

O40

P

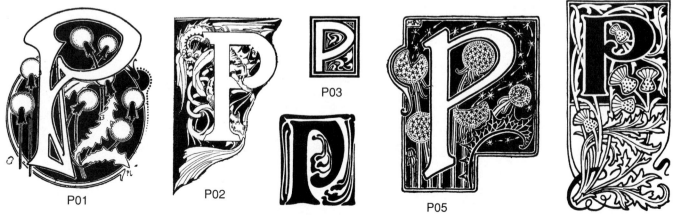

P01

P02

P03

P04

P05

P06

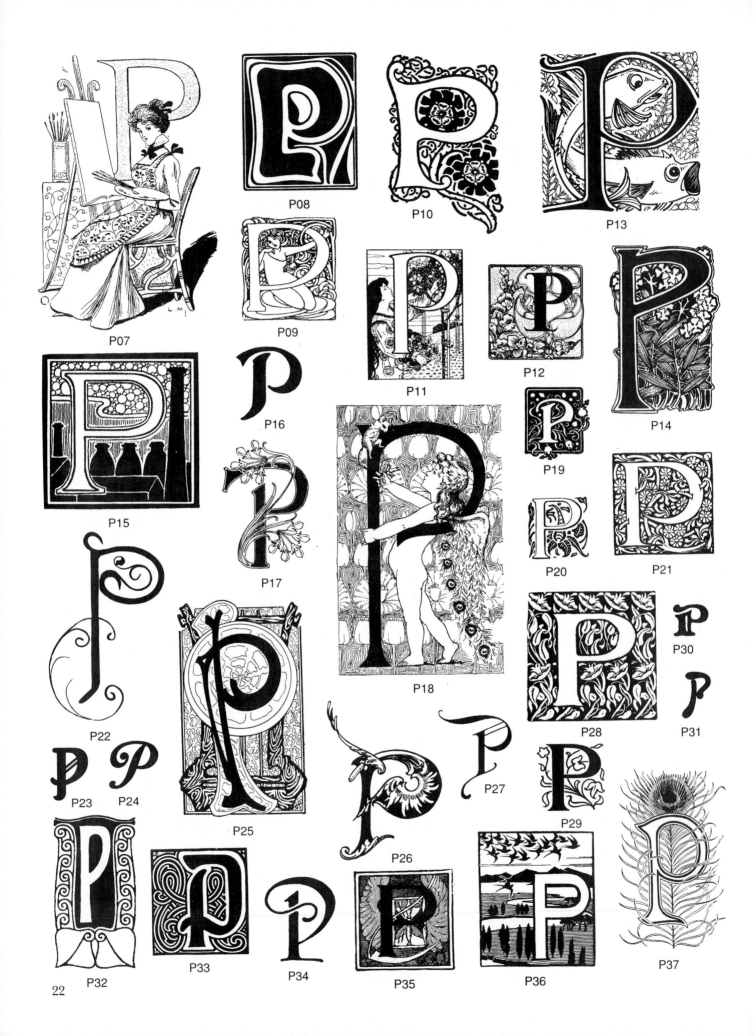

P07

P08

P10

P13

P09

P11

P12

P14

P15

P16

P17

P19

P20

P21

P18

P22

P25

P23

P24

P26

P27

P28

P29

P30

P31

P32

P33

P34

P35

P36

P37

22

Q

Q01

Q02

Q03

Q04

Q05

Q06

Q07

Q08

Q09

Q10

Q11

Q12

Q13

Q14

Q15

Q16

Q17

Q18

R

R01

R02

R03

R04

R05

R06

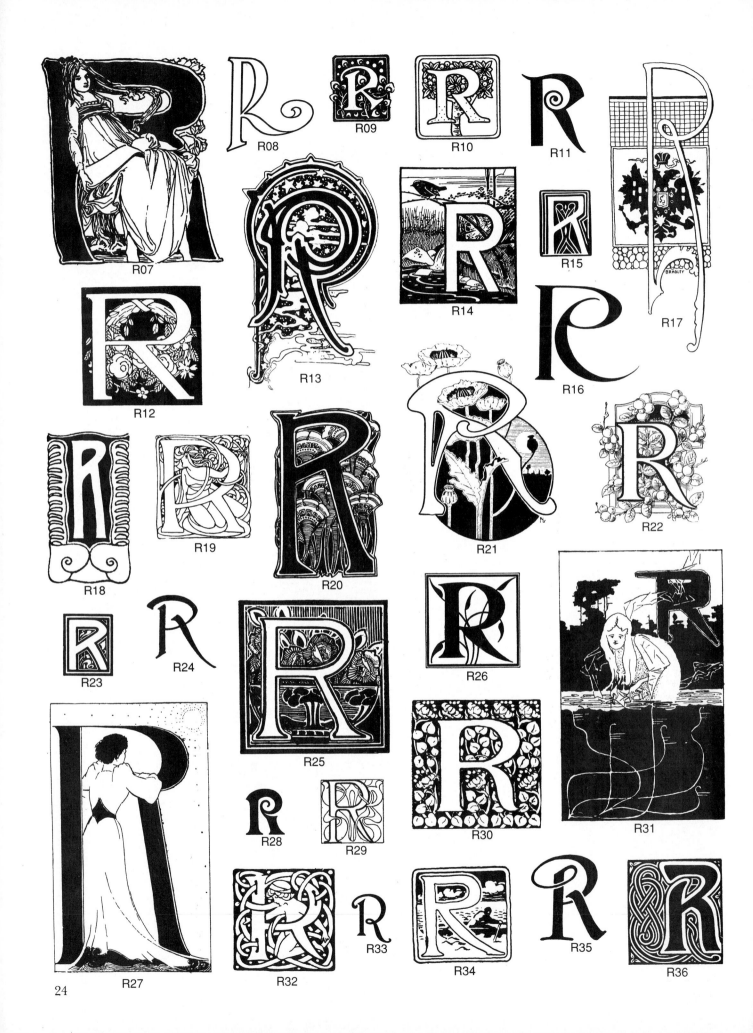

R07 R08 R09 R10 R11

R12 R13 R14 R15 R17

R16 R18 R19 R20 R21 R22

R23 R24 R25 R26 R31

R27 R28 R29 R30

R32 R33 R34 R35 R36

24

S

S01

S02

S03

S04

S05

S06

S07

S08

S09

S10

S11

S12

S13

S14

S15

S16

S17

S18

S19

S20

S21

S22

S23

S24

S25

S26

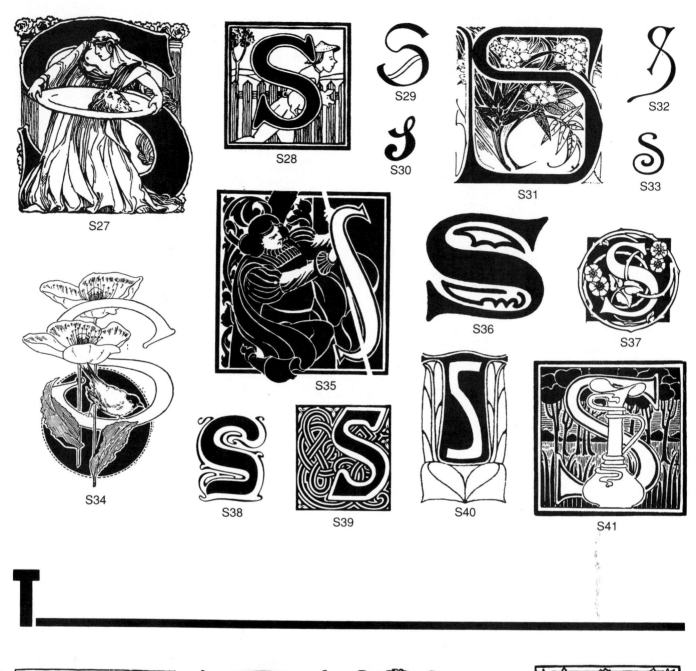

S27

S28

S29

S30

S31

S32

S33

S34

S35

S36

S37

S38

S39

S40

S41

T

T01

T02

T03

T04

T05

T06

T07

T08

T09

T10

T11

T12

T13

T14

T15

T16

T17

T18

T19

T20

T21

T22

T23

T24

T25

T26

T27

T28

T29

T30

T31

T32

T33

T34

T35

T36

T37

T38

T39

27

U

U02

U04

U07

U01

U03

U05

U06

U11

U08

U09

U10

U12

U13

U15

U16

U18

U14

U17

U19

U20

U21

U22

U23

U24

U25

U27

U28

U29

U30

U31

U26

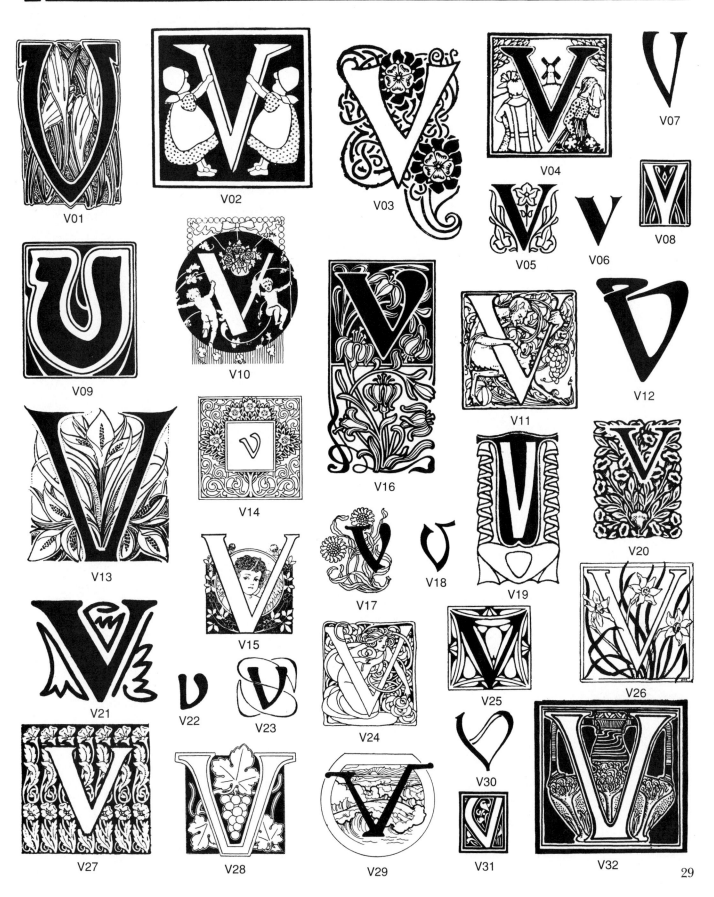

V01
V02
V03
V04
V07
V05
V06
V08
V09
V10
V11
V12
V13
V14
V16
V15
V17
V18
V19
V20
V21
V22
V23
V24
V25
V26
V27
V28
V29
V30
V31
V32

29

W01

W02

W03

W04

W05

W06

W07

W08

W09

W10

W11

W12

W13

W14

W15

W16

W17

W18

W19

W20

W21

W22

W23

W24

W25

W26

W27

W28

W29

W30

W31

W32

W33

X

X01 X02 X03 X04 X05 X06
X07 X08 X09 X10 X11 X12 X13 X14 X15 X16
X17 X18 X19 X20 X21 X22

Y

Y01 Y02 Y03 Y04 Y05 Y06
Y07 Y08 Y09 Y10 Y11 Y12

Y13 Y14 Y15 Y16 Y17
Y18 Y19 Y20 Y21 Y22 Y23 Y24
Y25 Y26 Y27 Y28 Y29

Z

Z01 Z02 Z03 Z04 Z05
Z06 Z07 Z08 Z09 Z10
Z11 Z12 Z13 Z14 Z15 Z16